スクールハラスメント

監修 神内 聡 弁護士・兵庫教育大学大学院教授

きびしすぎる指導、セクハラ、いじり……
きみの学校生活を守るには

さ・え・ら書房

もくじ

この本の目的 … 4

1章 スクールハラスメントとは …… 5

1. ハラスメントってなに？ … 6
2. なぜハラスメントはいけないの？ … 8
3. スクールハラスメントとは … 10
   コラム 義務教育は、だれの義務 … 11
4. スクールハラスメントの特徴 … 12
   コラム 多すぎる!?　○○ハラスメント … 14

2章 子どもの権利とハラスメント …… 15

1. 人権とハラスメント … 16
2. 子どもはひとりの人間 … 18
   コラム 子どもに権利を教えると、わがままになる!? … 19
3. 子どもの権利条約ってなに？ … 20
   コラム 憲法、法律、条約のちがい … 21
4. 子どもの権利を知ろう … 22
   コラム 不合理な校則 … 25
5. こども基本法ってなに？ … 26
6. こども基本法で何が決められているの？ … 28
7. はじめての「こども大綱」ができました … 30
   コラム 権利と義務はセット？ … 30

3章 いろいろなスクールハラスメント ……31

- ① いじめ … 32
- ② 体罰、暴言、きびしすぎる指導 … 36
- ③ セクシャルハラスメント（スクールセクハラ）… 38
  - コラム 「傷つけるつもりはなかった……」… 40
- ④ ジェンダーハラスメント … 42
- ⑤ SOGIハラスメント … 44
- ⑥ レイシャルハラスメント … 46
- ⑦ スポーツハラスメント … 48
- ⑧ パーソナルハラスメント、いじり … 50
- ⑨ ソーシャルメディアハラスメント … 52
- ⑩ マイクロアグレッション … 54
  - コラム 相談するとき、されたとき … 56

4章 相談窓口 ……57

- ① こまったときは相談しよう … 58
- ② 学校内の相談体制 … 61

さくいん … 62
あとがき … 63

この本の目的

「ああ、学校に行きたくない。こんな毎日、もういやだ。でも、ひとりでがまんするしかない……」

もし、そんなふうに思っているとしたら、その原因は、「ハラスメント」を受けているからではありませんか？

ハラスメント（harassment）とは、日本語で「いやがらせ」のこと。人にいやな思いをさせたり、心を傷つけたりする言葉や行動のことです。この本は、スクールハラスメント（学校で起こるハラスメント）をテーマにしています。目的は2つあります。

まず1つ目は、スクールハラスメントについて、みなさんに知ってもらうことです。「知ったところで、ぼくの（わたしの）つらさは変わらない」と思うかもしれません。でも、そのつらさの原因になっていることが、ハラスメントとよばれるものであって、世の中で問題になっていると知ればどうでしょう。「やはり自分が受けているあつかいはおかしい」「自分と同じように苦しんでいる子どもたちがいる」とわかり、ひとりでがまんせず、だれかに相談したり、声を上げたりする勇気が出てくるのではないでしょうか。

また、ハラスメントは、自分でも気づかないうちにしていることがあります。何がハラスメントになるのかを知ることで、自分の言動を見直すきっかけにもなります。

2つ目は、ハラスメントに対して、どのように立ち向かっていくか学ぶことです。そもそも、なぜハラスメントはいけないことなのかを考えながら、どのように子どもはハラスメントから守られるのか、法律や社会のしくみはどうなっているのかを説明します。さらに、どうしてハラスメントをしてしまうのかについても考えて、社会全体でハラスメントをなくしていくことを考えたいと思います。

ハラスメントは、学校の問題だけでなく、おとなになってからも、家庭や職場、社会のあらゆるところで起こりうるものです。そしてまた、そのつらさも同じです。この本がハラスメントに負けない人生を切り開いていくための助けになればうれしいです。

1章

スクールハラスメントとは

1 ハラスメントってなに?

「ハラスメント」の言葉の意味は?

「ハラスメント（harassment）」は、相手のいやがることをして、いやな思いをさせること、いわゆる「いやがらせ」のことです。

でも、じつは英語の「harassment」は、「ずっと攻撃して、相手をなやませたり、苦しませたりすること」という意味があります。

日本語で「いやがらせ」というと、ちょっとしたいじわるのように軽く聞こえるかもしれませんが、ハラスメントは、いやがらせという言葉以上に、相手を苦しめつづけて、ふかく傷つけるという意味がこめられているのです。

「〇〇ハラスメント」とは?

「〇〇に関するハラスメント」という意味になります。

「セクシャルハラスメント」は、「セクシャル（sexual）」が性的な、いやらしいという意味ですから、「性的ないやがらせ」「いやらしい言動をくりかえして相手をなやませること」といった意味になります。

たとえば、いやらしい冗談をいったり、からかったりする、水着やはだかの写真をわざと見せる、必要もないのに体をべたべたとさわることなどがセクハラ（セクシャルハラスメントの略）にあたります。

「パワーハラスメント」の「パワー（power）」は「力、権力」と考えるとわかりやすいでしょう。立場が上であることを利用した、「強い者から弱い者に対するいやがらせ、しつこい攻撃」という意味になります。

職場で、上司が部下をみんなの前できびしくしかったり、暴言をはいたり、きびしすぎる指導をすることなどがパワハラといえます。

> ハラスメント
> ＝
> ずっと攻撃して
> 相手を苦しめること

いつから、ハラスメントという言葉が広まったの？

1989年に、福岡県で、セクシャルハラスメントに関する裁判が起こされました。これをきっかけに、「セクシャルハラスメント」という言葉が日本じゅうに広まり、その年の「新語・流行語大賞」にも選ばれました。

そのころの日本は、今よりももっと男性中心の社会でした。たとえば、職場で男性社員が女性社員に対して、いやらしい冗談をいったりしても、あまり問題にされず、女性社員も、いやな思いをしながらも、「そういうものだから」と、がまんすることが多かったといいます。

そこへ、セクハラという言葉が登場しました。言葉が広く知られるようになると、「セクハラは問題である」という考えも広まり、社会で同じように苦しんでいる人が声を上げるようになりました。

2001年には、「パワーハラスメント」という言葉が広く知られるようになりました。そのあと、マタニティハラスメント（妊娠・出産・育児をする女性にきびしくあたるもの）など、さまざまないやがらせが、〇〇ハラスメントとよばれるようになったのです。

子どもはハラスメントを受けやすい

社会では、立場の強い人から弱い人へ、多数のグループから少数のグループへ、いろいろな形のハラスメントが起きています。

ハラスメントは、おとなの世界だけの問題ではありません。==子どももまた、家庭や、学校、部活動など身のまわりで、ハラスメントを受けることが多いのです。==

相手がおとなの場合、「まだ子どもだから」と一人前にあつかわれず、下に見られ、いうことをきかされる。しかも、いやだと思っても、文句をいえず、ついがまんをしてしまいます。

社会や学校には、どのようなハラスメントがあって、どのようなことをするとハラスメントになるのか、これから説明していきます。

1章　スクールハラスメントとは

2 なぜハラスメントはいけないの？

大きく3つの理由があります

人がいやがることをしてはいけないと、みんな知っています。
ハラスメントも同じことです。ここでは、なぜハラスメントがいけないのか、もう一度考えてみましょう。

理由1　人権を侵害することになるから

人間が人間らしく、自由に、幸せに生きる権利のことを「人権」といいます。「侵害」とは、他人のものをうばったり、傷つけたりすることです。

すべての人は、命を守られ、幸せにくらす権利「人権」を、生まれたときから平等に持っています。 人権は、憲法や、さまざまな法律、条約によって守られています。それにもかかわらず、この人権が侵害されたり、無視されたりすることは、世の中にはけっこうあります。ハラスメントはその一つです。

みな一人ひとり、それぞれに人格（自分のあり方）や個性があります。その人格や個性は尊重され、守られるべきものです。ハラスメントは、その人の人格を傷つけたり、否定したりすることになります。

→「人権」については、p16で詳しく説明します

理由2　法律（ルール）で禁止されているから

世界の多くの国には、差別を禁止する法律があります。ハラスメントの中には差別に当たるものもあります。

たとえば、セクハラは性別による差別でもあり、法律に違反することになります。

また、ハラスメントは人の心だけではなく、ときには身体や生命を傷つけることもありますので、こうした行為は、犯罪として刑罰で罰せられることもあります。

> **理由3** あなたがされたら……

もし、あなたがハラスメントをされたら、とてもつらく、悲しい思いをすることでしょう。

自分がされていやなことを他人にすることこそ、ハラスメントの一番の問題です。

もし、ハラスメントがゆるされるなら、みんなつらい毎日を送ることになり、未来に希望を持てなくなるでしょう。そのような社会は、持続していくことはできないのです。

なぜ、ハラスメントをするの

相手がいやがっているとわかっていながらハラスメントをする人も、気づかずにハラスメントをしてしまっている人もいるでしょう。
ハラスメントをする（してしまう）理由は、いろいろありますが、共通していえることは、大きく次の2点があげられます。

1 相手の気持ちを考えていない

一人ひとりはそれぞれちがいます。いろいろな性格があり、得意なこと、苦手なことがあります。でも、みんなそれぞれ人格を持っています。たがいに相手のことを認めあい、尊重しなければなりません。

ハラスメントをする人は、相手の気持ちを考えていません。「あいつには、これぐらいいってもいい」「からかってやろう」「されるほうに原因がある」など、==相手のことを考えず、自分の勝手な考えや感情でハラスメントをします。==

2 それが正しいと思っている

「世の中、そういうものだ」「これは指導だ」「きびしくするほうが子どものためだ」など、そうすることが正しいと考えて、ハラスメントをする人がいます。

自分がハラスメントを受けたことがあり、それによってきたえられたと考えて、相手に同じことをする人が多いといわれています。

==自分はだいじょうぶだったから、相手もだいじょうぶだと決めつけて、==ハラスメントをするのです。

3 スクールハラスメントとは

この本では、学校で起こるハラスメントを「スクールハラスメント」といいます。ハラスメントをする人（加害者）とハラスメントをされる人（被害者）の関係から、どのようなスクールハラスメントがあるか、見てみましょう。

スクールハラスメントの種類

↓する人（加害者） ＼ →される人（被害者）	児童生徒へ	教師へ
児童生徒から	・いじめ（→p32） ・セクシャルハラスメント（→p38） ・ジェンダーハラスメント（→p42） ・SOGIハラスメント（→p44） ・レイシャルハラスメント（→p46） ・パーソナルハラスメント、いじり（→p50） ・ソーシャルメディアハラスメント（→p52）	児童生徒から教師に対する暴言、いじめ、暴力、外見や容姿をいじる、無視といったハラスメントなどがある。…①
教師・部活動のコーチから	・体罰、暴言、きびしすぎる指導（→p36） ・セクシャルハラスメント（→p38） ・ジェンダーハラスメント（→p42） ・SOGIハラスメント（→p44） ・レイシャルハラスメント（→p46） ・スポーツハラスメント（→p48） ・パーソナルハラスメント、いじり（→p50） ・ソーシャルメディアハラスメント（→p52）	教師間でのパワーハラスメントや、セクシャルハラスメントなどがある。…②
保護者から	・児童虐待 ・家庭内暴力 ・保護、干渉のしすぎ…④	モンスターペアレントなどの問題がある。…③

この本では、表の 黄色 の部分、「児童生徒から、児童生徒へ」と「教師・部活動のコーチから、児童生徒へ」のハラスメントをとりあげます。

また、この本では取りあげませんが、表の中の①から④のハラスメントについても、それぞれ重要な問題です。

①児童生徒から、教師へのハラスメント

児童生徒が教師に「きもい」「うざい」といった言葉や暴言をはいたり、教師の外見や容姿をからかったり、暴力をふるうケースが報告されています。また、児童生徒が教師のいうことを聞かなくなり、授業が成り立たなくなる「学級崩壊」も問題になっています。

②教師間のハラスメント

職場としての学校で、教師の間で起こるハラスメントです。ベテラン教師から新人教師へのパワーハラスメントなどがあります。

③保護者から教師へのハラスメント

児童生徒の保護者から、教師や学校への、行きすぎた要求や苦情が問題になる場合があります。くりかえしそのようなことをする保護者は「モンスターペアレント」とよばれています。

④保護者から児童生徒へのハラスメント

親などからの暴言、暴力、虐待やネグレクトなどのハラスメントがあります。また、親が勉強を熱心にさせることで子どもがプレッシャーに感じたり、つかれてしまう「教育虐待」とよばれるハラスメントもあります。

義務教育は、だれの義務

「まだ義務教育の期間だから、学校に行きなさい」と、"子どもは学校に行かなければならない"といわれたことはありませんか？ じつは義務教育とは、親などの保護者が子どもに教育を受けさせる義務のことで、子ども自身が学校に通わなければいけない義務ではないのです。

近年、不登校の子どもが増えています。理由はさまざまであり、こうするべきという一つの答えはありません。ただ、子どもには教育を受ける権利と、自分の将来に必要なことを学べるよう、国にもとめる権利があります。

2017年に「教育機会確保法」という不登校の子どもの教育をサポートする法律ができて、「学校を休む必要性」や教育支援センターなどの学校以外の学習場所・居場所を認めています。「学校に行けない」という子どもの思いも尊重されるようになってきています。

1章 スクールハラスメントとは

4 スクールハラスメントの特徴

その1）おさない子どもが被害を受ける

スクールハラスメントで、被害にあうのは、子どもたちです。
まだおさなく、成長のとちゅうにいるため、大きなダメージを受けてしまいます。

① まだ成長しているところ、わからないことが多い

→ ハラスメントを受ける

② うまく言葉で説明できない、自分が悪いと思ってしまう

③ なかなか人に相談できない、自分の中でかかえこんで、がまんしてしまう

④ ハラスメントがつづく、心に深い傷をおってしまう

その2）先生と生徒という上下の関係

学校は、生徒が先生から勉強を教えてもらう場所です。教える先生は「上の立場」で、教えられる生徒は「下の立場」です。このはっきりとした上下の関係が、ハラスメントにつながることもあります。

先生からいわれたことには従わなければならない。先生にさからうと成績の評価が下がってしまう。先生はおとなで、経験を積んでいるので正しい。生徒はこのように考えるので、==いやだと思っても、なかなか先生に「やめてください」ということができません。==

その3）学校という閉ざされた空間

たとえば、学校ではない自由な集まりの中で、ハラスメントをしてくる人がいるとしましょう。その場合、そのいやな思いをさせる人から離れればいいだけです。

ところが学校では、なかなかそういうわけにはいきません。担任の先生も、クラスメイトも、部活のメンバーも、身のまわりのメンバーはだいたい同じ顔ぶれです。学校という閉ざされた空間では、いやな思いをさせる人と関係をなくすことはむずかしいのです。

また、学校は、学校の外の人が関わりづらい場所でもあります。授業公開日などはありますが、ふだんの学校で何が起こっているのか、外部からではわかりません。

さらに、クラスや部活動で起きていることは、同じ学校内でも、なかなか見えにくいものです。そのため、ハラスメントが見つかりづらかったり、すぐにかくされてしまうことが多いのです。

多すぎる!?　○○ハラスメント

　日本には、だいたい30種類以上の「○○ハラスメント」があるといわれています。さらに、新しい種類の「ハラスメント」が次々とつくりだされています。英語の組み合わせですが、ほとんどが日本でつくりだされた言葉です。
　「スメルハラスメント」といういい方を例にして、考えてみましょう。「スメル」とはにおいのことで、体のにおいや香水などで、まわりの人にいやな思いをさせる場合に使われています。
　きついにおいがするのは不快かもしれませんが、わざと臭くする人はそんなにいないでしょう。「スメルハラスメント」といういい方は、むしろ体のにおいがきつい人を責めるときに使われることが多いようです。

　自分の気に入らないことに「○○ハラスメント」と名づけると、相手が自分にハラスメントをしているようになり、まるで自分が正しくて、相手が悪いように聞こえます。
　相手を攻撃するための「○○ハラスメント」が増えてしまうと、ぎゃくにそのこと自体が、いやがらせになってしまうだけでなく、本当に問題とするべきハラスメントの存在がうすれてしまうことにもなります。その意味で、なんでも「○○ハラスメント」と名づける使い方には気をつけなければいけません。

　なお、においについては、マナーの問題として話し合って、解決するのがよいでしょう。

2章

子どもの権利(けんり)とハラスメント

1 人権とハラスメント

権利とは

みなさんは「権利」という言葉を使うことがありますか？

権利とは、あることを自分の考えで、自由におこなえる資格や能力のことです。おこなうだけでなく、「おこないません」と断ることができるのも権利です。ふだんの生活で使う権利も、ちゃんと法律にもとづいています。

たとえば、「わたしにも選ぶ権利がある」という言葉は、「わたしは、自分の考えで選ぶことができる。選ぶことは法律で認められている」という意味になります。権利を使うことを「権利の行使」といいます。

人権とは

「人権」とは、すべての人の基本になる、もっともたいせつな権利です。

「人権」は「基本的人権」といわれることもあります。基本的という言葉のとおり、人間が生まれながらにして持っている、人間らしく自由に生きる権利です。人権を持っていない人は、日本にも、世界にも、一人もいません。

人権は国からあたえられるものではありません。また、だれもこの人権をうばうことはできません。国などの権力からも、個人の自由を守ってくれるものです。日本国憲法では、"すべての国民が持っている基本的人権を保障する"、つまり国がしっかりと守るとしています。

16

人権はあたりまえのこと？

「人権」が、人間が人間らしく自由に生きる権利であると聞いて、「あたりまえのことじゃないか」と思われるかもしれません。でも、世界には、じゅうぶんな食べものがなく、いつもおなかをすかせている人や、病気になっても治療を受けられない人、戦争によって、ほかの国へ逃げなければいけない人、何も悪いことをしていないのに差別を受けている人など、この「あたりまえ」のことが守られていない人たちがたくさんいます。

日本でも、女性が政治に参加できなかったり、国を批判すると罰を受けたりと、人権が認められない時代もありました。

「基本的人権の尊重」が日本国憲法で定められている今でさえ、世の中には人権がたいせつにされていないことがまだまだあります。性別、年齢、出身地などで差別したり、SNSで攻撃したりと、その人の生活や人生を傷つける言動が問題となっています。

2章 子どもの権利とハラスメント

ハラスメントは、その人の人権をうばうこと

p8でも述べましたが、ハラスメントは人権の侵害です。本来、人権は国の権力から個人の自由を守るためのものですが、現在は、国だけでなく、社会のいろいろな場面で、経済力や権力がある人から、ない人に対して、立場が上の人から下の人に対して、人権の侵害が起きています。ハラスメントはそのひとつです。

そして、==ここでだいじなのは、「人権」は、子どもにもあるということです。==

子どもの持っている人権については、世界で約束した国際条約である「子どもの権利条約」と、日本の法律である「こども基本法」で定められています。自分たちに何ができるのか、何が守られているのか、そして何をいうことができるのか、説明していきます。

2 子どもはひとりの人間

子どもも「ひとりの人間」

「子どものくせに、一人前の口をきくな」、「子どもは、まだ半人前」、「子どもは親のものだ」 このようなセリフをいわれたことはありませんか。

こうした考え方は、まだ世の中にのこっています。「おとな（成人）＝一人前の人間」であって、おとなになっていない「子ども」は未完成なのだから、ひとりの人間として認めないという考えです。

子どもはひとりの人間です。ひとりの人間として、「人権」をちゃんと持っています。

==子どもは、ひとりの人間として認められつつ、同時に子どもとして守られる立場でもあります。==「守られているから、一人前ではない」という考えではありません。

むしろ、子どもにだけ認められている権利もあります。そうした子どもの権利について定めたのが、「子どもの権利条約」と「こども基本法」です。この二つの法律は、子どもは成長の途中にあり、体の発達も、考える力もまだじゅうぶんではないので、社会全体で支えて、育てていかなければならないという考えをもとにしています。

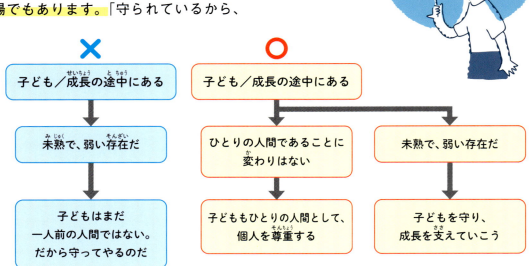

権利には制約がある

　日本国憲法では、権利を自分の好き勝手に使ってはいけないとしています。

　みんなが権利を持っているのですから、みんなが権利を主張したら、利害がぶつかってしまいます。ですから憲法では、自分の権利ばかりを主張するのではなく、みんなの幸せ（これを「公共の福祉」といいます）をきちんと考えなくてはいけないと定めています。

　権利には制約があります。==自分以外のみんなの権利を尊重し、ときには制約を受けいれ、バランスを考えながら、自分の権利を行使することが大切です。==人権

も、他人の権利を不当に傷つけないかぎりにおいて、保障されるということになります。

こどもに権利を教えると、わがままになる⁉

　「権利の主張＝わがまま」——日本には、この考えが根づよくのこっています。日本人はもともと、自分の思いをおさえる「つつましさ」を好ましいと思ってきました。ぎゃくに、自分の権利ばかり主張するのは「はしたない」とされてきました。今のおとなは、そう教えられてきたのです。

　こどもに権利を教えるということは、自分だけでなく、ほかの人にも同じように権利があることを教えることです。権利には制約があるので、なんでも好き勝手にできるということではありません。自分の権利を主張できるけど、他人の権利とぶつかるときは、調整しなければならない。わがままとは反対のことを、こどもは学ぶのです。

2章　子どもの権利とハラスメント

3 子どもの権利条約ってなに?

「子どもの権利条約」とは

「子どもの権利条約」は、世界じゅうの国々で約束した、子どもの権利を守るための条約です。

子どもは将来をになう大切な存在だから、世界じゅうの子どもたちが幸せに育っていけるようにと、1989年に国際連合（国連）で内容が決められました。

日本は、1994年にこの条約に加わりました。2023年現在、世界の196の国と地域が加わっています。日本をふくめ、この条約を約束した国々は、子どもの権利条約に定められた子どもたちの権利を守り、そのために必要な国内の法律をつくることになっています。

※条約の内容を決めることを「採択」、条約に加わることを「批准」といいます。

子どもの権利条約までのあゆみ

1789年	人権宣言 フランス革命で、基本的人権を国が認めた歴史的な宣言
1924年	ジュネーブ宣言 国際連盟による最初の「子どもの権利宣言」
1948年	国際連合（国連）「世界人権宣言」採択
1951年	日本で「児童憲章」を制定 日本最初の子どもの権利宣言
1959年	国連「児童の権利宣言」採択
1966年	国連で「国際人権規約」採択
1979年	国際児童年
1989年	国連「子どもの権利条約」採択
1990年	国連「子どもの権利条約」発効
1994年	日本が「子どもの権利条約」に批准

日本の取り組み

「子どもの権利条約」が、それぞれの国で守られているかどうかをチェックするため、国連の中に「国連子どもの権利委員会」という組織がつくられています。

各国の政府は、この委員会に対して、取り組みの状況を報告していますが、日本は、これまでおこなわれた審査で、いずれも「取り組みについて重大な懸念がある」という勧告（注意）を受けています。もっとも新しい2019年の審査では、次のようなことについて、取り組みがじゅうぶんでないとされました。

1 差別の禁止
・差別を禁止する法律をつくる
・少数民族や出身、出自による差別の防止に取りくむ
2 子どもの意見の尊重
3 子どもへの暴力、性的な虐待、搾取

憲法、法律、条約のちがい

「法律」とは、その国の国民が守らなければいけないルールです。「条約」とは、国と国の間で守ることを決めたルールです。「日本国憲法」とは、日本のすべての法律の一番上の位置にある法律です。じつは憲法を守らなければいけないのは「国」です。憲法では、国は条約を守らなければならないと定めています。「条例」とは、市町村などの地方自治体が定めたルールです。まとめると、次のとおりになります。

種類	守るひと	つくるひと
憲　法	国	国　民
条　約	国	国と国
法　律	国　民	国　会
条　例	その地方自治体の住民	地方自治体の議会

4 子どもの権利を知ろう

4つの大切な権利

子どもの権利条約は54条でできていますが、
その中でとくに大切な権利が次の4つです。
いくつかの権利を同時に考えるときや、子どものことに取り組むとき、
この4つの権利が守られているかどうかを考えなければなりません。

1 差別がないこと（第2条）

子どもたちはそれぞれちがいがありますが、すべての子どもはみな同じ権利を持っています。人種、性別、持っている意見、障害、出身、貧しいかどうかなど、どんな理由であっても、たとえそれが親のことでも、差別されてはいけません。

2 子どもにとって一番よいこと（第3条）

子どもにかかわるすべてのことは、子どもにとって何が一番よいことなのかを、最優先に考えます。国やおとなが勝手に決めてはいけません。

3 命が守られ、すこやかに成長できること（第6条）

子どもは生きる権利と成長する権利を持っています。子どもが健康に自分の能力をのばせるように、国は、教育制度や医療制度をつくらなければなりません。

4 自分の意見をいえること（第12条）

子どもは、自分にかかわることについて、自由に意見をいうことができます。おとなは、子どもの意見を聞いて、それができるだけ実現できるようにしなければなりません。

もっと生かしてほしい！　子どもの権利

「子どもの権利条約」では、4つの大切な権利のほかにも、
さまざまな権利が定められています。
日本であまりだいじにされていない権利や、ハラスメントに立ち向かうため、
子どもたちにもっと生かしてほしい権利を見てみましょう。

生きる権利

● すべての子どもは命を守られて、のびのびと成長する権利があります（第6条）。このあたりまえのことこそが、とても大切です。

● 世界では、ちゃんと食事をとれれば、医療を受けられれば、生きられたはずの子どもの命が失われています。病気になったり、ケガをしたら、治療を受けられるというように、子どもたちは健康でいられる権利があります（第24条）。

● 子どもは、住む家があって、ちゃんとごはんを食べて、学校に行き、遊ぶという生活を送ることができます。国はそれを守ります（第26条）。

育つ権利

● 子どもは親や家族といっしょにくらし、育つ権利があります（第9条）。ただ、親が暴力をふるうなど、いっしょにくらすことが、子どもにとって幸せなことではない場合には、親とはなれてくらせるようにします。

● 子どもには学ぶ権利があります（第28条）。まずしくて学校に行けない場合には、国は子どもが教育を受けられるように努めます。

● 勉強だけでなく、ゆっくりと休んで、楽しんで遊ぶことも子どもの権利です（第31条）。

● すべての子どもの「自分らしさ」を大切にします。子どもの名前や、国籍、家族がうばわれないように国が守ります（第8条）。また、心や体に障害があっても、子どもが自分らしく生きていけるように国が手助けをします（第23条）。

2章　子どもの権利とハラスメント

守られる権利

●子どもは、親などの保護者からの暴力から守られます（第19条）。なぐったり、けったりという体への暴力だけでなく、ひどい言葉をいったり、放っておいたりという子どもを傷つけるあらゆる形の暴力は、たとえどんな理由があってもゆるされません。

●子どもに性的な興味を持ち、さわったり、わいせつな行為をしたり、商売に利用したりするおとながいます。すべての子どもたちは、あらゆる性暴力から守られます（第34条）。

●「少数民族」や「先住民」など、大多数とはちがう言語や宗教、文化を持っている子どもたちは、そのちがいを認められ、尊重されます（第30条）。

参加する権利

●4つの大切な権利の一つとして、子どもは自由に意見をいえる権利があります（第12条）。さらに子どもは、いいたいことや思っていることを自由に表すことができます（第13条）。また、どんな考え方をして、何を正しいと思うか、宗教など何を信じるかについても、子どもの自由です（第14条）。

●子どもにも秘密はあります。人に知られたくないことをいいふらされたり、理由もなく家族にメールを見られたりということはゆるされません。子どもには「プライバシー」を守られ、名誉を傷つけられない権利があります（第16条）。

●インターネットや、テレビ、新聞などによるさまざまな情報を、子どもは見たり聞いたりできる権利があります（第17条）。ただ、世の中には子どもにとって有害な情報もあり、国やおとなは有害な情報から子どもを守ります。

●子どもが、これらの「子どもの権利」を持っていることを、国は、国民に知らせなければなりません（第42条）。子ども自身にもおとなにもです。

不合理な校則*

「地毛が茶色なのに黒髪に染めさせられた」「くつしたや下着の色が白と決められている」「髪型のツーブロックの禁止」「スカートの長さはひざ下までと決められている」——こうした「不合理な校則」を見直す動きが広がっています。

もともと校則は、生徒たちが安心して学校生活を送れるように、合理的と認められる範囲で学校が定めて、生徒が自主的に守るものです。「合理的な範囲」というのは、「その目的のためなら、必要だ」と納得できる範囲です。どこまでが合理的なのか、人それぞれ感覚がちがいますが、次の例のような「子どもの権利」を侵害したり、「ハラスメント」になるような決まりは、「不合理な校則」といえるでしょう。

① 髪を染めさせたり、髪を切る
（→傷害、体罰に当たります）
② 性別により髪型を指定する
（→人権の侵害になります）
③ 水を飲むことや、防寒具などを着ることを禁止する
（→生命や健康を害します）
④ 下着の色などをチェックする
（→セクシャルハラスメント）

最近では、全国で不合理な校則の見直す動きが進んでいて、校則づくりに生徒を参加させる学校も出てきています。

*行きすぎた問題のある校則は、よく「ブラック校則」とよばれています。ブラック（黒色）を問題のあることを示すイメージとして使うことは、人種差別や偏見につながるおそれがありますので、この本では「不合理な校則」とよぶことにします。

2章 子どもの権利とハラスメント

5 こども基本法ってなに？

日本にも「こども基本法」ができました

2023年4月1日から「こども基本法」がはじまりました。

こども基本法は、憲法と子どもの権利条約にもとづいて、つくられた日本の法律です。国の将来をになう子どもの数が少なくなってきているなか、安心して子どもを育てていけるようにと、国は「こどもまんなか社会」の実現を目ざすことにしました。

すべての子どもが守られて、自分らしく、健やかに、安心してくらせるような社会を、子どもと子育てをする人のことを考えて、つくりあげていくことが目的です。

今の日本の子どもたちは……

児童相談所へよせられる虐待などの相談件数や、小・中・高校などにおけるいじめの認知件数、不登校の児童生徒数は毎年ふえつづけています。自殺した児童生徒数も、増加の傾向はつづいています。

また、「日本は裕福な国だ」といわれていますが、じっさいは子どもの7人に1人が、貧困状態にあると報告されています。

児童相談所への相談件数、いじめの認知件数、不登校者数、自殺者数などの推移

	児童相談所への相談件数（件）	いじめの認知件数（件）	不登校者数（人）	自殺者数（人）	出生数（人）
2022年度	219,170	681,948	299,048	411	770,747
2021年度	207,660	615,351	244,940	368	811,622
2020年度	205,044	517,163	196,127	415	840,835
2010年度	56,384	77,630	119,891	156	1,071,305
2000年度	17,725	30,918	134,286	147	1,190,547

出典：こども家庭庁（児童相談所への相談件数）、厚生労働省（出生数）、文部科学省（その他）

「こどもまんなか社会」にむけて

こうしたデータを見ると、日本は、子どもにとって生きづらい社会だといえます。国が「こどもまんなか社会」を目ざすことにしたのは、このような背景もあります。

これまで、おとなが中心になって決めてきた社会を、「こどもにとって一番よいこと」を考えるように変えていこうと、政府の新しい組織として、こども基本法と同じ日に、「こども家庭庁」も生まれました。国のこども政策のリーダーの役割をはたします。

何歳までが「こども」なの？

こども基本法で「こども」とは、心と体が成長している途中にある人のことです。「こどもは何歳まで」という年齢による区切りがありません。赤ちゃんから、保育園・幼稚園児、小学生、中学生、高校生、大学生、若者、社会人になった人も、こども基本法で守られることになります。

なお、子どもの権利条約では、「子ども」を18歳未満、つまり17歳までのすべての人と定めています。

また、日本の民法という法律に、「成年」と「未成年」という年齢の決まりがあります。成年になった人は「成人」といい、世の中で一般的に「おとな」と認められています。2022年4月に民法が改正されて、成年（成人年齢）が「20歳」から「18歳」に引き下げられました。

18歳成年で、変わったこと／変わらないことをまとめると、下の表のとおりとなります。

法律上、できること	民法改正の前 成年20歳のとき （2022年3月まで）	いま 成年18歳 （2022年4月から）
・携帯電話やアパートを借りる契約を一人でできる ・ローンを組める ・クレジットカードをつくれる ・公認会計士や医師の資格を取得できる ・10年有効のパスポートを取得できる	20歳以上	18歳以上
・飲酒（お酒を飲む）、喫煙（たばこを吸う）ができる ・競馬・競輪など（馬券などを買う）ができる	20歳以上（変わらず）	
・結婚することができる	男性 18歳以上 女性 16歳以上	男女ともに 18歳以上
・普通自動車免許を取得できる	18歳以上（変わらず）	
・選挙権があたえられる　※2016年6月19日から	20歳以上	18歳以上
・少年法（非行少年に対する処分などを定める法律）の適用	20歳未満	20歳未満 ※18、19歳は「特定少年」

2章　子どもの権利とハラスメント

6 こども基本法で何が決められているの?

たいせつにして守る6つの決まり(基本理念)

「こども基本法」は、こどもの権利を守るためにつくられた法律です。
「日本国憲法」と「子どもの権利条約」の考えにもとづいています。「基本法」というのは、おおもとになる考え方や方針などをしめす法律のことです。

こども基本法の第3条には、6つの基本理念が定められています。基本理念とは「この法律で、わたしたちがたいせつにして、守るべきこと」という意味です。

1 こどもはひとりの人間。差別は禁止。

こどもたちはみな、ひとりの人間です。すべてのこどもは、生まれながらにして持っている人間らしく自由に生きる権利「基本的人権」が守られます。また、すべてのこどもは、絶対に差別をうけるようなことがあってはいけません。

差別をすることは、基本的人権を傷つける行為であり、日本国憲法と子どもの権利条約でも禁止されています。

2 こどもの成長を守ります。

すべてのこどもは、安心して育てられる権利があります。家族といっしょに生活し、愛され、だいじに守られ、心も体も健やかに成長していけるように、社会の制度を利用することができます。

また、こどもは教育を受ける権利も持っています。
こども基本法でも、ほとんどおとなと同じ権利が、こどもに認められていますが、この成長する権利は、こどもだけに認められた権利です。

3　こどもの意見を聞きます。

すべてのこどもは、自分に関係することについて、意見をいう権利があります。いろいろな社会活動にも、はじめから参加する権利があります。おとなは、こどもの意見を聞かなければなりません。

なぜ、こどもの意見を聞くのか、それは、「こどものことなのに、こどもの意見も聞かないで、決めるのはおかしい」というあたりまえの理由です。

しかし、じっさいには、こどもが意見をいう機会がなく、おとなが決めることもあります。そんなときでも、おとなはこどもにとって一番いいことを考える義務があります。

4　こどもにとって、いつも一番いいことを考えます。

直接こどもに関係することも、それ以外のことでも、おとなは、こどもの意見を重みをもって受けとめて、いつも、こどもにとって一番いいことは何かを考えてものごとを決めます。

5　こどもを育てる人のサポートもします。

家庭とは、こどもが家族といっしょに生活する場所のことです。家庭はこどもを育てる基本的な場所であり、いっしょに生活するおとなたちは、こどもの養育に責任を持つことになります。国はこどもを養育するおとなたちのことも支援します。また、家庭とは別の場所で養育されるこどもにも、家庭と同じような、健やかにくらすことのできる環境をしっかりと用意します。

6　子育てに夢を持てるような社会にします。

子育てをしている人や、これから子育てをしようとする人が、家庭や子育てに夢を持てるようにします。そして、「子育てをしてよかった」と思えるような社会をつくります。

こども自身を守るだけでなく、こどもを育てる人のこともサポートして、子どもが健やかに成長できる環境をととのえたり、社会全体で子育てを支えるしくみをつくります。

2章　子どもの権利とハラスメント

7 はじめての「こども大綱」ができました

「大綱」とは太い綱のような、基本の方針という意味です。「こども大綱」とは、国が定める、これから5年間のこども政策の基本方針のこと。2023年12月に初めてのこども大綱ができました。

5歳〜18歳（学童期・思春期）のこどものためには、次の重要な支援をしていきます。

① こどもが安心して通える学校を再生する
② 安心で安全な居場所をつくる
③ こどもの心身の健康のため、医療ケアを充実させる
④ 社会で生きていくための知識や情報を提供する
⑤ いじめを防止する
⑥ 不登校のこどもを支援する
⑦ 校則を見直す
⑧ 体罰や行きすぎた指導を防止する

このほかにも、こどもの貧困対策や、ヤングケアラー*への支援、自殺防止、犯罪などからの保護などにも力を入れていきます。

また、「こども政策について、意見を聞いてもらえている」と思うこどもの割合は、2023年で20.3％ですが、これを70％にするという目標もかかげています。

*ヤングケアラー：本来はおとなの仕事である家事や、家族の世話をするこどものこと。

権利と義務はセット？

「権利を主張するのなら、義務をはたせ」という人がいますが、これはまちがいです。人の権利は、その人が義務をはたすことと引きかえに、あたえられるものではありません。

ある人に権利が生まれると、別のだれかが、そのための義務を負うことになります。それがセットの関係であって、同じ人に権利と義務があるわけではないのです。たとえば、子どもには「教育を受ける権利」があり、その権利に対応するものとして、p11のコラムのとおり、親などの保護者に「子どもに教育を受けさせる義務」があります。子どもに、教育を「受ける権利」と「受けなければいけない義務」があるわけではありません。

3章

いろいろな
スクールハラスメント

1 いじめ

いじめはハラスメント

いじめの認知件数は年々増えていて、大きな社会問題となっています（p26の表のとおり）。

どの学校でも、起こりうるものであって、また、どの子どもも、いじめる側にも、いじめられる側にもなる可能性があります。

かげ口やいやなことをいわれたり、仲間はずれにされたり、無視されたり、暴力をふるわれたり、最近ではSNSで攻撃されたりと、「いじめ」の内容は時代とともに変わってきましたが、いじめを受ける本人のつらさは変わりません。

いじめは、相手に対するいやがらせであり、不快な思いをさせて、精神的に肉体的にも苦痛をあたえます。==いじめは、まちがいなくハラスメントの一つです。==

いじめの種類

言葉によるいじめ

- からかい
- 悪口
- ひやかし
- おどし
- 相手がいやがることをいう

直接本人に口でいうだけでなく、まわりのだれかにいったり、わざと本人に聞こえるようにいったりすることもあります。

認知されたいじめの件数の中でもっとも多いのが、言葉によるいじめです。

態度によるいじめ

- 仲間はずれ
- グループや集団による無視

「しかと」「ハブる」などといわれることもあります。自分がいじめられないように、いじめに加わるケースもあります。

暴力によるいじめ

- なぐる
- たたく
- ける
- ぶつかっていく
- ものをぶつける

　強い痛みをあたえたり、けがをさせたりすることはもちろんですが、こづいたり、頭をはたいたりすることも暴力にあたります。

精神的ないじめ

- 相手がいやなことをさせる
- はずかしいことをさせる
- あぶないことをさせる
- インターネットの掲示板やSNSでの誹謗・中傷

　「誹謗」とは悪口やののしる言葉、「中傷」とは根拠のないことをいいふらすことです。

お金やものに関するいじめ

- お金やものをうばう
- 親などのお金をぬすませる
- 万引きをさせる
- 体操着や上履きなどをかくしたり、使えなくする

　いわゆる「カツアゲ」や「たかり」とよばれるような行為です。

なぜ、いじめが起きるのか

　人は、ストレスがたまったり、自分にいやなことがあると、他人を攻撃したくなります。不満のはけ口として、だれかに当たりたくなります。そして、立場の弱い人が、そのターゲットにされてしまうケースが多く見られます。

　ほかの人の言動と同じように自分を合わせることを「同調」といい、自分もまわりに同調しなければいけないとプレッシャーを感じることを「同調圧力」といいます。いじめは、この「同調圧力」の雰囲気でも起こります。まわりの人たちがだれかをいじめていると、「自分もそのいじめに加わらなければ、今度は自分がいじめられてしまう」と思う気持ちになることです。

　みんながそのように感じて、同調することによって、いじめが広がってしまうことがあります。

いじめ防止対策推進法（いじめ防止法）

2013年に、「いじめ防止対策推進法（いじめ防止法）」ができました。この法律では、国や、地方自治体、教育委員会、学校、保護者などが、いじめをなくし、早く発見し、どのような対応をするかについて定められています。

物ごとの意味を、はっきりと、範囲を決めて示すことを「定義」といいます。

いじめ防止法におけるいじめの定義は、次のように定めています。

・いじめとは、子どもの心や体に苦痛をあたえるもの
・同じ学校に通っている子など、その子どもと関係のある、ほかの子どもがおこなっているもの
・場所は学校の中でも外でも関係ない。インターネットによるものもふくむ

ここで、重要なのは、「いじめを受けている本人が苦痛を感じれば、いじめになる」とされていることです。つまり、本人の感じ方で、いじめなのかどうか判断されます。

したがって、いじめ防止法では、「つい、むかついて」と衝動的におこなうものも、「悪気はなかったのに」と意図せずにおこなうものも、「親切のつもりが」と自分ではよいことのつもりでおこなうものも、すべて「いじめ」になります。

これは、いじめで苦しんでいる子どもをできるかぎり見つけて救いたい、というのがこの法律の目的だからです。

また、ニュースに出てくる「いじめ重大事態」という言葉は、この法律で定めたものです。

① いじめによって、生命や心や体に重大な被害が生じた疑いがあるとき
（自殺した、自殺をしようとした、けがをした、お金や持ちものがうばわれたなど）
② いじめによって、長い間（30日間が目安）学校を休まなければならなくなったとき

これらを、いじめによる「重大事態」と定めて、学校側に対応するよう義務づけています。これらの重大事態が発生してから対応するのではなく、疑いが生じた時点で調査を開始しなければなりません。

身のまわりに「いじめ」があったら

●ふざけてるだけで、悪気はないから、いじめではない

ふざけあいや遊びだったら、するほうも、されるほうも楽しいはずです。

でも、いつもされるばかりで、されることでいやな思いをしたり、傷ついているのであれば、それはもう「いじめ」になります。

●いじめられるほうに原因がある

ついそう考えてしまうことがあるでしょう。だれにでも欠点はあります。態度や言動が気に入らないこともあります。それを直させるため、わからせるためだからといって、いじめをしてよいわけではありません。

それが相手に伝わることもありませんし、どんな理由があっても、やり方をまちがえたら、それはもう正しいことではありません。

●いじめられる自分が悪いからと、自分を責めてしまう

上と同じです。どんな理由があっても、「いじめていい」ということにはなりません。

たとえ相手のいうことが正しくても、「いじめられてもしょうがない」なんてことはありません。いじめという方法を選べば、それはもうまちがったやり方なのです。

●いじめたくなる気持ち

だれでもストレスがたまり、イライラすると、ほかの人に当たりたくなることがあります。しかし、ストレスは自分の心の問題です。いじめることによって、一時的にストレスが解消された気になるかもしれませんが、ストレスの原因が根本的に解決されるわけではありません。むしろ、取り返しのつかないことをしてしまったと、後悔することになります。

●まわりでいじめが起きていても、何もできない

クラスメートがいじめられている。クラスの雰囲気が悪い。でも、自分にはやめさせる勇気がない。下手なことしたら、自分がターゲットになる。

自分がいじめられるのがこわいのはあたりまえです。だれでもさけたいでしょう。でも、まわりの雰囲気に同調してしまうと、いじめがエスカレートしてしまうこともあります。ひとりで「いじめをやめよう」というのがむずかしければ、友だちと協力するとか、おとなに伝えるとか、何か自分でできることを考えてみましょう。

3章 いろいろなスクールハラスメント

2 体罰、暴言、きびしすぎる指導

先生は上の立場

先生はおとなであり、子どもである生徒を教える立場にいます。

だから、「先生のいうことは指導なのだから、きかなければならない」「きびしくても、先生がすることはいつも正しい」「先生にさからうと、成績の評価が悪くなる」そんなふうに思っていませんか？

立場が上にある人が、下の立場にある人に、暴力をふるったり、言葉やふるまいで、いやな思い、苦しい思い、はずかしい思いををさせることはハラスメントになります。

<mark>先生から生徒に対する体罰は法律で禁止されています。</mark>また、きびしすぎる指導、暴言も法律違反になることがあります。

こんなことが **体罰、暴言、きびしすぎる指導** です！

- なぐる、ける、顔や頭、体をたたく、かみの毛をひっぱる、つねる、物でたたく・つつく、物を投げつけるなど（法律違反）
- 罰として正座をさせる、廊下に立たせる（法律違反）
- バカ、頭が悪い、学校に来るな、部活をやめろなどの発言
- どうせがんばってもむだだなど、本人の人格を否定する発言
- おどすように、大声で従わせる
- トイレに行かせない、部屋から出さない、無理な課題を押しつける
- テストの点数をみんなに発表するなど、はずかしい思いをさせる
- 無視、いやがらせ

いうこときかないなら、もう学校にくるな！

どこまでが指導？

学校教育法という法律で、体罰は禁止されていますが、教育上必要があると認められるときは、先生は「懲戒」を加えることができるとされています。懲戒とは、悪いおこないをした人に、こらしめのために罰をあたえること。一般的に懲戒としてゆるされるのは、放課後、教室にのこらせたり、授業中、教室内に立たせたり、宿題をあたえたり、掃除当番をさせたりすることです。

懲戒（指導、しつけ）なのか、体罰なのかの判断については、そのときの状況などをすべて考えあわせて決めるとされています。

じつは日本の法律では100年以上も前から教師の体罰を禁止しています。それにもかかわらず、日本の学校では体罰がおこなわれてきました。体罰は子どもへの「愛のムチ」といった考えが根づいていて、子どものときに体罰を受けた人が、おとなになって体罰を加えるということがくりかえされてきたのです。暴力は子どもの体だけではなく、心にも深い傷をのこします。==人を従わせるのは暴力が有効という、このあやまった考えは、今では社会全体で否定されています。==

3章 いろいろなスクールハラスメント

こんな法律があります

● **子どもの権利条約　第28条（教育への権利）**
　すべての子どもには「学ぶ権利」があります。子どもの心や体を傷つける罰を学校であたえてはいけません。

● **学校教育法　第11条**
　先生は生徒に懲戒を加えることができますが、体罰を加えることはできません。

● **子どもの権利条約（第19条）、児童虐待防止法、児童福祉法**
　親や保護者から子どもへの暴力や虐待、放任、搾取などの禁止。

3 セクシャルハラスメント（スクールセクハラ）

学校でのセクハラ

相手を不快にさせる性的な、いやらしい発言や行為のことをセクシャルハラスメント（セクハラ）といいます。

学校でのセクシャルハラスメントは、「スクールセクハラ」ともいわれ、とくに、先生から生徒に対するセクハラの問題が広がっています。

2022年度に性暴力やセクハラで処分された公立小中高校などの教員の数は、前年度から26人増えて、242人になりました。

また、2022年4月には「教員による児童生徒性暴力防止法」というスクールセクハラを防止するための法律ができました。

こんなことがスクールセクハラです！

- 性的なことで冗談をいったり、からかったりする
- 体をしつこくながめる、写真をとる
- 見た目に関することを話題にする
- スマホなどで性的なメールや画像を送る
- 下着や着替えを見る
- 必要もないのに体をべたべたさわってくる
- 二人きりになりたがる
- 部活でマッサージといって、体をもんでくる
- しつこくデートにさそう
- 性的な関係をもとめる

※男性の先生から女子が受けるものだけではありません。
女性の先生から男子が受けることも、男性の先生から男子が、女性の先生から女子が受けることもあります。

なぜスクールセクハラが起きるのか

じつは、スクールセクハラが起きる一番の原因は、教師としてふさわしくない人間が教師として働いていることにあります。

恋愛や性の対象として、まだ年の若い子どもを好きになったり、おとなではなく、子どもの体や下着をながめるのが好きといった、あってはならないような感覚を持った人間が教師として採用されてしまうのです*。

p36のとおり、体罰や暴言はまちがっていますが、まだ指導しようという気持ちがあります。スクールセクハラの場合、教師として子どもを指導する気持ちなどありません。先生という立場を利用し、相手がまだ子どもだからいうことをきかせられるという卑劣な考えによって、自分の身勝手な欲求を満たそうとするものです。

*この対策として、「日本版DBS」（→p41）の導入が検討されています。

被害にあった生徒にのこす傷

学校生活で、先生の存在は大きいもの。勉強を教えてくれて、いっしょに遊んでくれたり、かわいがってくれたり、なやみの相談にものってくれたりします。その信頼していたはずの「先生」が、自分のことを性的な目で見ていたとしたら、大きなショックを受けることでしょう。

さらに、セクハラの加害者は、被害者に落ち度があったように、たくみにしむけてきます。「相手が、さそうような態度をとった」「いやがっていなかった」など、相手のせいだと主張することが多いのです。

先生からセクハラを受けると、ただでさえショックなのに、もし、自分にも悪いところがあったなどと責められたら、心に深い傷を負うことになります。被害にあった生徒の中には、受けた心の傷に長い間苦しんでいる人もいます。

セクハラを受けたら、がまんしたり、ひとりでかかえこんだりしないで、親や学校の先生、友だちなど信頼できる人に、すぐに相談してください。

スクールセクハラは重大な人権侵害です

ここでセクハラを例として、スクールハラスメントがどのように人権侵害にあたるか見てみましょう。

学校は、子どもが安心して学習し、持っている能力を伸ばしていく場所です。子どもには学校で教育を受ける権利があり、教師はその権利と安全な場を守る義務があります。その学校で、教師によるセクハラが起こるということは、子どもの権利をまったく守っていない、重大な人権侵害になります。わいせつな行為となると、それはもう犯罪であり、絶対にゆるされることではありません。

成長の途中にある子どもがセクハラを受けると、そのあとの人生にも悪い影響をあたえることになります。教育を受ける権利だけでなく、すこやかに成長する権利まで侵害することになるのです。このことは、暴言や、体罰、その他のハラスメントにもいえることです。

ジロジロ

「傷つけるつもりはなかった……」

「傷つけるつもりはなかったから、ハラスメントではない」という人がいます。

悪気はなかった、いやな思いをさせるつもりはなかった、傷つくとは思わなかったから、問題ないのでは、という考えです。

しかし、法律では「一般人の視点で考えて、ふつうに考えれば相手が傷つくであろうと思われる行為」であれば、ハラスメントとして違法になります。たとえ傷つけるつもりはなかったとしても、ふつうは傷つくだろうと多くの人が思う行為はハラスメントなのです。「傷つけるつもりはなかった」という自分の意思は、いいわけにはなりません。

そのつもりがなくても、相手を傷つけてしまうことはよくあります。こうした自覚のないハラスメントをふせぐには、相手の気持ちや状況を理解することが大切です。被害を受ける側が声をあげにくいということも、しっかりと心にとめておかなければなりません。

こんな法律があります

● **子どもの権利条約　第34条**
　どのような性暴力からも、子どもは守られます。

● **教員による児童生徒性暴力防止法（2022年4月施行）**
　事前防止と、早期に発見・対処、厳正な処分などについて定めています。

● **刑法の不同意性交等罪、不同意わいせつ罪**
　刑法の性犯罪の規定が2023年から変わりました。16歳未満の子どもに対して、性交やわいせつな行為をすると、処罰されます。
　※相手が13歳以上16歳未満の場合は、行為者が5歳以上年長のとき。

● **撮影罪（性的姿態等撮影罪）、提供罪**
　正当な理由なく、人の性的な部位・下着などをひそかに撮影（盗撮）したり、16歳未満の子どもの性的な部位・下着などを撮影したり、その画像を人に提供すると処罰されます。

● **各都道府県の迷惑防止条例**
　痴漢、盗撮、のぞきなどの行為は、国の法律以外でも都道府県の条例で処罰されることがあります。

【日本版DBS】
　子どもたちを性被害から守るため、「日本版DBS」という制度が、法律として導入されるみこみです（2024年6月現在）。これはイギリスの制度を参考にしたもので、子どもと接する仕事につく人が、過去に性犯罪を犯したことがないかどうか確認することを義務づけるものです。
　過去に性犯罪を犯したことがある人は、学校や幼稚園、保育所などでの採用を見送られたり、子どもと接しない別の仕事を割りあてられるようになります。

3章　いろいろなスクールハラスメント

4 ジェンダーハラスメント

ジェンダーとは

　男の子は髪が短くて、スポーツが好き、泣いたりしない。女の子は髪が長く、おしとやかで、人形あそびや手芸が好き。社会の中には、こうした「男らしい、女らしい」というイメージがあります。

　男女は、生物としての体のつくりにちがいがあります。それとは別に、社会の中で作られた男女のイメージのちがいを「ジェンダー」といいます。「ジェンダーハラスメント」とは、「男性だから、女性だから」という男女のイメージを押しつけて、相手にいやな思いをさせる言葉や行動のことです。

　ジェンダーについては、あたりまえのように世の中にしみついている考え方もあり、意識しないで、相手を傷つけることも多いので、注意が必要です。

こんなことがジェンダーハラスメントです！

- 「男なら泣くな」「女々しい」といった発言
- 「男らしく」「女らしく」「男のくせに」「女のくせに」といった発言
- リーダーは男子、女子はサポートといった役割決め
- 男子は荷物を運ぶ、女子は料理をつくるといった役割決め
- 男子は理系、女子は文系が得意という思いこみ
- 制服で、男子生徒はズボン、女子生徒はスカートという決まり
- 男性は黒や青、女性は赤やピンクといった色分け

男のくせに花もって…

今もなくならない、ジェンダー差別

途上国では、女の子は学校に通わせてもらえなかったり、おさないうちから結婚させられ、家の中の仕事をさせられたりすることがあります。

じつは先進国でも、ジェンダーの不平等は、政治、仕事、家庭の中で根強くのこっています。男女間の格差を数字で表した「ジェンダーギャップ指数」というものがあります。2024年の日本の順位は、146か国中118位。日本の社会は、世界の中でも、政治と経済（仕事）の分野で男女平等が遅れています。

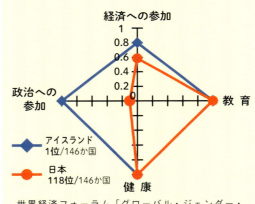

ジェンダーギャップ指数 2024年

男性に対する女性の割合（女性の数値÷男性の数値）を示したもの。1が男女平等で、順位が高い。

アイスランド 1位/146か国
日本 118位/146か国

世界経済フォーラム「グローバル・ジェンダー・ギャップ報告書（2024）」をもとに作成したもの

学校でのジェンダー平等に向けて

クラスの出席簿は、男子から先ではなく、男女混合で名前がならんだものが増えています。学校制服で、男女ともスラックス着用が認められている学校もあります。いっぽうで、大学の医学部の入試で、男性のほうが医者に向いているからと、女子受験生を合格しにくくしていた不正が見つかるなど、社会全体では、ジェンダー不平等はまだ根づよくのこっています。

「男子は」「女子は」という思いこみや、すりこまれた意識は、男女の不平等やハラスメントにつながります。男女である前に、ひとりの人間として平等であることをわすれずに、身のまわりのことから、注意することが必要です。

こんな法律があります

● 子どもの権利条約 第2条（差別の禁止）
p22のとおり、性別による差別も禁止されています。

● 男女共同参画社会基本法
男女平等の社会を実現するための法律です。

3章 いろいろなスクールハラスメント

43

5 SOGIハラスメント

SOGI（ソジ）とは

　性の分け方には、いろいろあります。体のつくりによって男女が分かれる「体の性」のほかに、自分自身が思う「心の性」や、男の子と女の子のどちらを好きになるか、両方が好きになるかで分ける「好きになる性」があります。

　世の中は、「体の性と心の性が同じで、異性を好きになる人」が多数をしめています。たとえば、女の子の体をしていて、自分でも女の子だと思っていて、男の子を好きになる人は、「女の子」としてくらします。けれども、==体と、心と、好きになる性のあり方が多数の人とちがうことを、世の中で認められず、苦しい思いをしている人たちがいます。==

　「SOGI（ソジ）」の「SO」はセクシャル・オリエンテーション（好きになる相手の性）のこと、「GI」はジェンダー・アイデンティティ（自分自身が思う性）のことです。SOGIは、多数／少数は関係なく、すべての人にいろいろな「心の性」と「好きになる性」のあり方があるという言葉です。

SOGIハラスメントとは

　SOGIハラスメントとは、それぞれの性のあり方で差別したり、いやがらせをしたりすることです。

　ジェンダーハラスメントは、男は、女はこうすべきという考えを押しつけるものです。男らしくないから、女らしくないからと人をしいたげる気持ちはSOGIハラスメントと同じです。どちらも、昔から世の中にしみついている考え方なのです。

　相手が異性を好きな人と思いこんで、たとえば男の子に「好きな女の子はいるの？」とか、「彼女はいるの？」と聞くことも、ときには相手を傷つけることもあるので、注意が必要です。

> こんなことが**SOGIハラスメント**です!

- 「ホモ」「おかま」「レズ」といった差別的なよび方をする
- 「気持ち悪い」「近よるな」と仲間はずれにする
- からかう、ばかにする、見くだす
- 「好きな異性はいるの?」と聞く
- 部活や進学先、制服や髪型などの行動を制限する

SOGIのことは身近な問題

まわりにLGBT*などの人はいないから、SOGIは、自分とは関係ないことだと思っていませんか? もしかしたら、カミングアウト(まわりに明かすこと)できず、かくしている人がいるのかもしれません。

すべての人は生まれながらにして、その人の性のありようがあります。人数が少ないということだけで、その人のせいではないのに、「ふつうでない、異常だ」という見方をされています。たとえば、自分に好きな人がいて、その好きな気持ちをさげすまれたり、否定されたりしたら、どのように思うでしょうか。SOGIハラスメントは、社会全体で考えていかなければいけない問題です。

*レズビアン(女性を好きになる女性)、ゲイ(男性を好きになる男性)、バイセクシャル(男女のどちらも好きになる人)、トランスジェンダー(体の性と自分が思う性がちがう人)の頭文字をとった、性的に少数な人たちを表す言葉。

3章 いろいろなスクールハラスメント

こんな法律があります

- ● 子どもの権利条約 第2条(差別の禁止)

- ● LGBT理解増進法
  多様な性のありかたについて、国民の理解を広めるための法律です。

6 レイシャルハラスメント

レイシャルハラスメントとは

　日本に住む外国人は約332万人、全体の2.66%をしめています*。日本全体の人口が減っていますが、外国人の人口は年々増えつづけています。これからも、学校や地域、社会で、日本人と外国人が接することは多くなってくるでしょう。

　人にはそれぞれ出身地や、国籍があり、人種や民族、肌、髪の毛などの見た目、文化、宗教、習慣などが異なることがあります。

　いろいろな人どうしがつきあう中で、こうした人種などにまつわることを理由にしたハラスメントが増えてきています。

　これを「レイシャルハラスメント」といいます。レイシャル（racial）とは、「人種の、民族の」という意味です。

* 出典：総務省「住民基本台帳に基づく人口、人口動態及び世帯数」（2024年1月1日現在）

その人のアイデンティティ

　「アイデンティティ」とは、自分が自分であることを表すもの、自分らしさのことをいいます。「わたしは日本人です」というように自分が集団に属していることや、「わたしは思いやりがあります」というような自分の特性のことです。アイデンティティは、「これがわたしです」と思わせてくれる重要なものです。レイシャルハラスメントは、このアイデンティティを否定したり、からかったりする行為です。

　人種や民族、国籍などはアイデンティティのもとになるものです。その人のルーツ（出自）であり、プライドのもとです。それぞれ人ごとにちがうことを認め、そのちがいを尊重しなければなりません。また、自らもアイデンティティを主張するだけでなく、住んでいる国や地域の考え方や習慣を尊重しなければなりません。

> こんなことが **レイシャルハラスメント** です！

- 人種などのちがいによる髪型、肌の色、外見などをからかう、ぶじょくする
- 名前やしゃべり方などをからかう、ばかにする
- 食べもの、文化、宗教などをからかう、ぶじょくする
- 「○○人のくせに英語がしゃべれない」などと、勝手なイメージとのちがいをからかう
- 国や地域について差別的なよび方をする

「変わった名前だね」

偏見、思いこみ、決めつけ

レイシャルハラスメントは、人種や民族のちがいで差別する気持ちが言動になってあらわれるものです。その気持ちのもとにあるのが「偏見」です。

「偏見」は、かたよったものの見方や考え方のこと。ちゃんとした理由もなく、たとえば「日本人だから手先が器用だ」と思いこんだり、決めつけたりすることです。じっさいにその日本人の人が器用かどうかは関係なしに、「日本人は器用」という自分の持っている大まかなイメージで、その人のことを勝手に判断します。

偏見を持たないようにすることは、とてもむずかしいことです。社会に根づいていたり、おとなからうえつけられたりするからです。偏見を持っていない人はいないといっていいでしょう。だからこそ、==自分には偏見があると意識して、相手の立場を思いやり、人を傷つけないよう気をつけることが必要なのです。==

また、ほめているつもりの言葉でも、ときに相手を傷つけることがあるので、注意が必要です。（p54「マイクロアグレッション」で説明します）学校でも社会でも国際化が進み、自分とはちがうルーツや価値観を持った人たちといっしょに行動することが多くなってきます。レイシャルハラスメントに対する意識は、これからますますだいじになってくるでしょう。

こんな法律があります

- **子どもの権利条約　第8条**
  子どものアイデンティティを国は守ります。

- **子どもの権利条約　第30条**
  「少数民族」や「先住民」の子どもたちは、自分たちの言葉や文化をだいじにする権利があります。

3章　いろいろなスクールハラスメント

7 スポーツハラスメント

部活動での体罰・しごき

体育系の部活動で起きるハラスメント「スポーツハラスメント」を見てみましょう。

部活動、クラブ活動では、顧問の先生やコーチから、「体罰」や「しごき」といったハラスメントを受けることがあります。

試合や練習でミスをすると、尻をバットなどで打たれる、ボールを投げつけられるといった暴力を受けたり、「へたくそ」「もうくるな」といった暴言をあびせられたり、グラウンドを何周も走らされたりという罰をあたえたりします。このような方法で「ミスをしてはいけない」と、体で覚えさせ、緊張感をあたえたりします。

そのほかにも、ミスをすると、罰として試合や練習に参加させないという精神的な暴力もあります。

もう練習に出なくていい！

なぜ体罰やしごきをするのか

昔のアニメには「スポーツ根性（スポ根）もの」とよばれるものがありました。きびしい練習にたえた主人公が成功をおさめるといった内容です。

じっさい、日本のスポーツでは、この「根性論」がしみついていて、しごきにたえることによって技術が上達し、心がきたえられるという考えがのこっています。顧問の先生やコーチの中には、自分はしごきにたえたから、上達したと信じている人がいます。

根本にあるのは「子どもを強くして、勝たせたい」という思いのはずです。ところが、強くなるための科学的に必要な練習などではなく、むやみに根性をきたえるやり方をとってしまうと、結果として、強くなるどころか、子どもにつらい思いをさせ、やる気をうばうことになってしまいます。

部活動でのセクハラ

部活動では、部員の生徒が、指導者である顧問の先生やコーチに逆らえない環境が生まれやすく、セクハラが起こりやすいといわれています。

教えるふりをして体をさわったり、練習後のマッサージといってわいせつな行為をしたり、合宿中などに性的虐待を加えたりする例が報告されています。

スポーツでのセクハラは、指導する立場を利用して、自分のいやしい欲求を満たしたいだけの行為です。「選手のために」という考えは一切ありません。

スポーツ界全体の問題

部活動だけでなく、プロスポーツや学生スポーツなどスポーツ界全体でも、きびしすぎる指導や、セクハラのほか、さまざまなハラスメントが問題になっています。

そのひとつとして、観客が選手へ投げかける、心ない言葉「やじ」があります。エラーをしたり、負けた選手に対して、「何やってるんだ！」「しっかりしろ！」「もうやめてしまえ！」といった言葉を投げかけることは、ファンが選手をふるい立たせるためだったとしても、時として選手の心を傷つけることがあります。

最近ではSNSの広まりにより、選手への心ない言葉による誹謗や中傷も問題になっています。パリオリンピックでは、審判の判定が微妙だった試合などで、負けた選手だけでなく、勝った選手にも、SNSで誹謗・中傷が集中し、問題となりました。

また、セクハラとして、選手の競技ウエア姿を性的な見方をして撮影する「盗撮被害」も問題になっています。

3章 いろいろなスクールハラスメント

おい！何やってんだ！

こんな法律があります

● **スポーツ基本法**
スポーツをする人の心身の健康や安全が守られなければならないとしています。スポーツのもとでの人権侵害はゆるされません。
→体罰・暴言についてはp36、セクハラについてはp38のとおりです。

8 パーソナルハラスメント、いじり

パーソナルハラスメントとは

　パーソナルは「個人的な」という意味です。その人の見た目、体や顔の特徴や、くせ、しゃべり方、趣味、好みなど、個人のことや個性をからかうことを「パーソナルハラスメント」といいます。

　やせている／太っている、背が低い／高いことをあだ名にしたり、その人のファッションや、好きなタレント、趣味などをけなしたり、ばかにしたりすることが代表的な例です。

　パーソナルハラスメントは、目に見える、わかりやすいことをからかうのが特徴で、しばしば「いじり」とよばれることがあります。==からかうほうは、「いじり」として、親しみをこめて、軽い気持ちでいったつもりでも、いじられるほうはいやな思いをしたり、傷ついたりすることがあります。==この気持ちの行きちがいが、気づかないうちにエスカレートして、「いじめ」になることがあります。

「いじり」について

　「いじる」「いじられキャラ」などの言葉は、テレビのお笑い番組の中で生まれました。タレントがほかの出演者や素人をからかったりする「いじり」で、笑いをとっていたのです。そのテレビの世界の「いじり」がそのまま、子どもの日常に入ってきたといわれています。

　いじる側の人は、「悪気がなくて、親しみを表したもの」であって、いじめているのではないと思っています。いじられる側の人は、「いじられキャラ」としての役割を引きうけ、笑顔でおどけて、まわりに笑いをあたえなければならないと考えます。まわりも、本人が笑っているのだから問題ないのだろうと考えます。このいじりの関係がずっとくりかえされるのです。

　たとえ、いじられる人が本心ではいやでも、自分は親しまれているのだし、怒ったり、いやだと顔に出したら、「空気が読めないやつ」といわれると思い、自分の気持ちを表すことができません。

　p34で述べたとおり、本人がいやな思いをすれば、「いじめ」になります。つまり、本人にとっていやな「いじり」は「いじめ」そのものなのですが、「いじり」という言葉は「いじめ」をかくしてしまうのです。

「いじり」が成り立つ場合

　からかわれる方が、あきらかにいやがっていれば「いじめ」です。けれど、からかわれた本人が気にしていない、または本当によろこんでいる「いじり」というものがあります。親しい友人の間に成り立つ「からかい」や「ふざけ」もあります。どこまでが「いじり」で、どこからが「いじめ」になるのか、この線引きはむずかしいのです。
　「いじり」が成立するのは、いじる側の人には「傷つける気持ちがなく」、「相手に対する愛情があって」、「その場を盛り上げるという目的を持っている」こと。

　そして、いじられる側の人は、「いじる人の気持ちをわかったうえで」、「いじられてもいいと思い」、「その役割を安心して受けいれる」場合です。つまり、親しい仲で、信頼関係があるということです。

「いじり」が成り立たない場合

　ぎゃくをいえば、信頼関係のない人たちの間では、「いじり」は「いじめ」につながるおそれがあるということになります。
　同じ内容の「いじり」の言葉でも、それをいう人によっては、いやな思いをすることがあります。さらに、その内容をまねされて、よく知らない人からいじられたら、がまんできないこともあるでしょう。
　また、信頼関係のある人どうしの、いつもの「いじり」であっても、相手が落ちこんでいるときなど、時と場合によっては、心を傷つけてしまうこともあります。ずっといじられていると、自分でも気づかないうちに、ストレスがたまってしまうこともあります。

　人を笑いものにするという点で、「いじり」と「いじめ」は、本質的には同じことです。たがいを人として尊重することをわすれずに、相手がどういう状況にいて、されたらどういう気持ちになるかを、いつも考えることが大切です。

9 ソーシャルメディアハラスメント

ネット時代のハラスメント

インターネットのコミュニティサイトSNS（ソーシャル・ネットワーク・サービス）は、いまや多くの子どもたちが利用するようになりました。文章だけでなく、写真や動画も発信できて、知らない人どうしもつながりを持つことができる、便利なコミュニケーションツールです。

その便利さを悪用して、自分がだれだかわからないようにアカウントをつくり、心ない悪口やののしりの言葉で相手を攻撃したり、うその情報をばらまいたりすることもできます。こうしたインターネットやSNSを利用したいやがらせのことを「ソーシャルメディアハラスメント」といいます。

かんたんにつながりあえるということは、自分を守る壁が低くなるということでもあります。知らない人からの攻撃を受けたり、あぶない相手とつながってしまったり、知られたくないことを知られてしまったりと、自分の安全をおびやかされることもあります。顔の見えないコミュニケーションには注意しなければなりません。

プライバシーは守られます

個人の秘密や、その人の生活や家庭内の情報のことを「プライバシー」といいます。子どももふくめて、すべての人のプライバシーは守られます。

親が、子どものメールやSNSを勝手に見ることがあります。本来はこれも、プライバシーの侵害です。ただ、親は子どものことを犯罪などから守らなければいけないので、そのために必要であれば、ゆるされます。できれば、子どもの同意を得ることが望ましいでしょう。

他人のプライバシーをわざとアップする「さらし」などの行為はもちろんゆるされません。軽い気持ちで投稿した写真などが、相手のプライバシーを侵害し、傷つけることもあるので注意が必要です。

こんなことが**ソーシャルメディアハラスメント**です！

- コメントや「いいね」、友だち認証をむりやりもとめる
- 個人情報や写真、動画などをばらす
- 心ないひどい言葉で攻撃する
- 脅迫する（おどす）
- 自分に関するうその情報やうわさを投稿する

ネットいじめ

SNSを利用したいじめ「ネットいじめ」は、社会全体で問題になっています。いじめの認知件数全体が増えているなか、パソコンやスマートフォンなどを使ったいじめの件数は年々増加しています。ネットいじめは次のようなことです。

・悪口や心ない言葉を投稿したり、まわりに無視をさそいかけたりする。
・うその情報や、見られたくない画像や動画を投稿し、拡散する。
・他人になりすまして投稿し、また別のだれかを攻撃する。

ふつうのネット検索では表示されない「学校裏サイト」や、SNSのグループ機能を利用したサイトがいじめの温床になることもあります。

悪意のある投稿は、だれが投稿しているのか、わからないようにします。「だれだかわからないけれど、自分のまわりにいるだれかが書いている」と思うのは不気味で、おそろしいものです。==どこにいても、だれかの悪意を受けて、攻撃されているように感じ、逃げ場をなくし、追いつめられてしまいます。==

こんな法律があります

ネットいじめは、**いじめ防止法**の対象になります。国の法務局という機関に、投稿の削除や発信者を教えてもらう法律上の手続きの協力をもとめることができます。また、**刑法の名誉毀損罪や侮辱罪**で訴えることができます。

3章 いろいろなスクールハラスメント

10 マイクロアグレッション

偏見や思いこみが、ちょっとした言葉や態度にあらわれてしまうことがあります。傷つける気持ちがなくても、人の心を静かにぐさりと傷つけます。
そうした"ささいなけなし"のことを「マイクロアグレッション」といいます。
ハラスメントの一種ではなく、レイシャルハラスメントやジェンダーハラスメントの例として、ふだんの生活でしてしまいがちなことを見てみましょう。

人種や国籍に関すること

「日本語がうまいね」
「ハーフ（ダブル*）で、かっこいいね」
　ほめているようでも、そのうらには「あなたは日本人には見えない」という思いがかくれています。いわれた人は、「あなたと同じではない」と思われていると、仲間はずれされているように感じることもあります。

「日本人だから、まじめなんだね」
　日本人はみんなまじめで、礼儀正しいというような決めつけによる言葉です。「〇〇人なのに、〜だ」も同じです。いい／わるいは関係なく、勝手なイメージをあてはめられていることになります。また、そうでない人にとってはプレッシャーになってしまいます。「ハーフなのに、英語しゃべれないの」というのも同じです。そもそも外国語は英語だけではありません。

「肌が白くてきれいだね」
　肌の色は白いことが美しいという考え方が根本にあります。生まれもった肌の色を美しくないものと否定されることにつながります。

「日本に生まれてよかった」
　その場に日本人しかいなければいいのかもしれませんが、外国人がいる場合は、日本人でないことを悪くいわれていると受けとめられることもあります。

* 国籍や人種などがちがう両親から生まれた子どものこと。「ハーフ＝半分」は悪いイメージがあるので、「ダブル＝両方」といわれるようになってきている。

性別（ジェンダー）に関すること

「（女の子に対して）好きな男の子はいるの？」

好きになる対象は異性であるという考え方が根本にあります。なにげない質問ですが、同性を恋愛対象とする人だったら、傷つけてしまうことになります。

「女性らしいですね」
「男性らしいですね」

女性は、男性は、こうあるべき、または、こういうものだという思いこみや決めつけによる言葉です。ほめている場合でも、その人のいいところを、ただ性別がそうだからという理由だけでくくってしまうことになります。

「女のくせに」「男のくせに」

「女（男）らしい」の悪い意味で使われます。「本当はこうあるべきだ」と勝手なイメージをあてはめられたうえに、「そうなっていない」と、ダブルで否定されることになります。

気軽に話してはいけないの？

「そんなことまでハラスメントになるの？　気軽に話せなくなってしまう」と思うかもしれません。p40のコラムで述べたとおり、法律では「ふつうに考えれば相手が傷つくであろうと思われる行為」がハラスメントですので、これらの言動がハラスメントになるかどうかは、それぞれの場合によって判断しなければなりません。ただ、今までの日本を考えると、やはり、==社会全体が「多様性」について、考えが不足していたといえます。==

SDGsの目標のとおり、今、世界は、すべての人々が幸せにくらしていけることを目ざしています。心が傷ついている人ががまんして成り立つ社会はつづいていきません。

その場の雰囲気をなごませるためや、空気をたもつために、ジョークで人をからかうことあります。しかし、それよりも、だれひとりの犠牲もなく、みんなが心から楽しめることがだいじなのです。

3章　いろいろなスクールハラスメント

55

相談するとき、されたとき

いじめやハラスメントを受けている。その苦しい胸のうちを、やっと勇気を出して、だれかに打ち明けたのに、その話が別のだれかにも伝わっていたら……。うらぎられた、やっぱり相談するんじゃなかったと、よけいにつらくなってしまうでしょう。

ハラスメントをだれかに相談することによって、その相談相手から、さらにつらい思いをさせられることがあります。（これを「セカンドハラスメント」ということもあります）

1）ほかの人に広める

ハラスメントを受けていることを、ほかの人に広めたり、いいふらされたりするケースです。ハラスメントを受けていることはプライバシーであり、知られたくないもの。相談した人が、また別のだれかに相談することもあるかも知れませんが、その場合でも、本人の許可をとる必要があります。

2）とりあってくれない

「たいしたことじゃないから、気にするな」「相手はそういうつもりじゃないのでは」などと、真剣にとりあってくれないケースです。ハラスメントをした人の肩を持つような言葉などを受けると、本人はますます傷つくことになります。

3）ぎゃくに責められる

「そうなったのはあなたが悪いからだ」と責められるケースです。本人が、「自分が悪いのだろうか」となやみ苦しんでいるところに、追いうちをかけることになります。

このような言動を受けると、本人はもう救いがなくなってしまい、追いつめられてしまいます。ハラスメントに対して、声を上げることができなくなります。

相談する相手については、先生だからというだけでなく、「話をよく聞いてくれる人」や、「ふだんから子どものことを一人の人間として認めている人」を選ぶことがだいじです。

また、友だちから相談を受けたときは、まず何よりも、本人の苦しい気持ちを思いやることが大切です。

4章

相談窓口
(そうだんまどぐち)

1 こまったときは相談しよう

学校のクラスで、部活動で、家でいやな思いをしている。
先生や親には話せないし、どうしたらいいかわからない。
まわりにだれも相談できる人がいなくても、だいじょうぶです。
国や住んでいる場所の役所には、子ども向けの相談窓口が置かれています。

こども家庭庁

● 「相談窓口をさがす」
https://www.kodomo.cfa.go.jp/soudan/
このインターネットサイトでは、「相談したい内容」と「住んでいる場所」を選ぶことで、全国にある相談窓口を検索することができます。

● 「児童相談所虐待対応ダイヤル『189』」 電話
虐待かもと思ったら、１８９（いちはやく）番へ。
電話をかけた場所の児童相談所へつながります。

● 「親子のための相談LINE」 LINE
親との関係や、子育てについてなやんでいるときの相談窓口です。
子どもと保護者の方などが利用できます。

法務省

● 「こどもの人権110番」 電話 メール LINE 手紙
いじめや、体罰、虐待などの相談窓口です。
まわりにこまっている人がいるという相談も受けつけています。
電話　0120-007-110（通話料無料）
メール・LINE　https://www.jinken.go.jp/soudan/PC_CH/0101.html

手紙　SOSミニレター
https://www.moj.go.jp/JINKEN/jinken03_00013.html

文部科学省

● 「24時間子供SOSダイヤル」 電話

電話をかけた場所の教育委員会の相談機関につながります。

電話　0120-0-78310

内閣官房／孤独・孤立対策室

● 「あなたはひとりじゃない」

チャットボットで相談窓口をさがすことができます。

https://www.notalone-cas.go.jp/under18/

警察庁

各都道府県の警察の少年相談窓口をさがすことができます。

https://www.npa.go.jp/bureau/safetylife/syonen/soudan.html

その他

● 「#いのちSOS」 電話 チャット メール

電話　0120-061-338

https://www.lifelink.or.jp/inochisos/
（特定非営利活動人 自殺対策支援センターライフリンク）

● 「よりそいホットライン」 電話

外国語による相談も受けつけています。

電話　0120-279-338

電話　0120-279-226（岩手県、宮城県、福島県）
（一般社団法人 社会的包摂サポートセンター）

● 「いのちの電話」 電話

電話　0570-783-556（ナビダイヤル受付センター）

電話　0120-783-556

https://www.inochinodenwa.org/
（一般社団法人 日本いのちの電話連盟）

● 「こころの健康相談統一ダイヤル」 電話

電話をかけた場所の役所の「こころの健康電話相談」につながります。

電話　0570-064-556

4章　相談窓口

●「チャイルドライン」 電話 チャット
18歳までの子ども専用です。

電話　0120-99-7777

https://childline.or.jp/
(特定非営利活動法人（NPO法人）チャイルドライン支援センター)

●「こころのほっとチャット」 SNS
LINE、Facebook、WEBチャットを使用したチャット形式でのSNS相談です。

https://www.npo-tms.or.jp/service/sns.html
(特定非営利活動法人 東京メンタルヘルス・スクエア)

●「あなたのいばしょチャット相談」 チャット
24時間365日、だれでも無料・匿名で利用できるチャット相談窓口です。

https://talkme.jp/
(特定非営利活動法人 あなたのいばしょ)

●「10代20代の女性のためのLINE相談」 LINE

https://bondproject.jp/
(特定非営利活動法人 BONDプロジェクト)

●「弁護士会の子どもの人権に関する相談窓口一覧」
弁護士に相談できます。地域の弁護士会の相談窓口をさがすことができます。

https://www.nichibenren.or.jp/legal_advice/search/other/child.html
(日本弁護士連合会)

2 学校内の相談体制

スクールカウンセラー

「カウンセリング」の意味は、相談にのって、助言（アドバイス）をすること。スクールカウンセラーは、生徒の心のなやみを聞き、カウンセリングをおこない、心理学の専門家として学校生活をサポートする職員です。公認心理師や臨床心理士などの資格を持っていて、カウンセリングだけでなく、研修や授業に参加することもあります。

スクールカウンセラーは、面談で話を聞くことによって、生徒のかかえている問題やなやみの解決をめざします。いじめや、ハラスメント、不登校、家庭などのなやみについて、担任の先生に話せないことでも、気軽に相談することができます。

スクールソーシャルワーカー

スクールカウンセラーは、なやみをかかえる生徒の心のケアをおこないますが、スクールソーシャルワーカーは、生徒の家庭やまわりの人たちに働きかけて、生徒のなやみの解決に取り組む職員です。

たとえば、生徒からの相談を受けると、その原因により、保護者や学校とも面談をおこないます。そして、家庭や学校、役所、児童相談所などと連携をとりながら、問題解決に向けて取り組みます。

スクールロイヤー

スクールロイヤーとは、学校で発生するいじめや不登校、事故、暴力事件などの問題について、学校に助言やアドバイスをする弁護士のことです。弁護士は、裁判を通じて、依頼人の法律上の権利や利益を守る法律の専門家で、裁判以外でも依頼人の相談にのったり、依頼人のかわりに相手と交渉したりします。

ただし、スクールロイヤーは依頼人である学校のために働くのではなく、「子どもの最善の利益」を実現するため、つまり、どうすれば生徒たちにとって一番いいことなのかを考えて、学校の相談相手になります。また、裁判をすることも、学校のかわりに相手と交渉することもほとんどありません。

たとえば、学校でいじめが発生したとき、スクールロイヤーは、「いじめ防止法」で学校に義務づけられている対応がされているかどうか確認します。一方で、そのいじめの解決に向けて、場合によってはスクールカウンセラーやスクールソーシャルワーカーと連携し、生徒の思いを聞きとります。そのうえで、関係機関とのサポート体制のアドバイスなどもおこないます。

4章 相談窓口

さくいん

あ

- アイデンティティ ……………… 44, 46-47
- いじめ
  …… 10, 26, 30, 32-35, 50-51, 53, 56, 58, 61
- いじめ重大事態 ……………………… 34
- いじめ防止対策推進法(いじめ防止法) …… 34, 61
- いじり ……………………………… 10, 50-51
- ＳＮＳ ……………… 17, 32-33, 49, 52-53, 60
- ＬＧＢＴ ……………………………… 45
- 思いこみ ………………………… 43, 47, 54-55

か

- 学級崩壊 …………………………………… 11
- きびしすぎる指導 ……………… 6, 10, 36-37, 49
- 義務教育 …………………………………… 11
- 憲法 ………………………… 8, 16-17, 19, 21, 28
- 公共の福祉 ………………………………… 19
- 校則 ……………………………………… 25, 30
- 国際連合(国連) …………………………… 20, 21
- こども家庭庁 ……………………………… 26-27, 58
- こども基本法 ……………………………… 17-18, 26-28
- こども大綱 ………………………………… 30
- 子どもの権利条約
  …………… 17-18, 20-23, 26-28, 37, 41, 45, 47

さ

- ジェンダーギャップ指数 …………………… 43
- ジェンダーハラスメント ……… 10, 42-44, 54
- しごき ……………………………………… 48-49
- 自殺 ……………………………………… 26, 30, 34
- 児童相談所 ………………………………… 26, 58, 61
- 少数民族 …………………………………… 21, 24, 46-47
- 人権 ………………… 8, 16-20, 25, 28, 40, 49, 58, 60

す

- スクールカウンセラー ……………………… 61
- スクールセクハラ ………………………… 38-41
- スクールソーシャルワーカー ……………… 61
- スクールロイヤー …………………………… 61
- スポーツハラスメント …………………… 10, 48-49
- スメルハラスメント ………………………… 14
- 成人 ……………………………………… 18, 27
- 成年 ……………………………………… 27
- 制服 ……………………………………… 42-43, 45
- セカンドハラスメント ……………………… 56
- セクシャルハラスメント(セクハラ)
  ……………………… 6-8, 10, 25, 38-41, 49
- 先住民 …………………………………… 24, 47
- ソーシャルメディアハラスメント …… 10, 52-53
- ＳＯＧＩハラスメント …………………… 10, 44-45

た　な

- 体罰 ……………… 10, 25, 30, 36-37, 39-40, 48-49, 58
- 懲戒 ……………………………………… 37
- 盗撮 ……………………………………… 41, 49
- 同調、同調圧力 …………………………… 33, 35
- 日本版ＤＢＳ ……………………………… 39, 41
- ネットいじめ ……………………………… 53

は

- パーソナルハラスメント ……………… 10, 50-51
- パワーハラスメント(パワハラ) …… 6-7, 10-11
- 貧困 ……………………………………… 26, 30
- 不合理な校則 ……………………………… 25
- 不登校 …………………………………… 11, 26, 30, 61
- プライバシー …………………………… 24, 53, 56
- ブラック校則 ……………………………… 25
- 偏見 ……………………………………… 25, 47, 54
- 暴言 ………………… 6, 10-11, 36-37, 39-40, 48-49

マイクロアグレッション	47, 54-55
未成年	27

ヤングケアラー	30
レイシャルハラスメント	10, 46-47, 54

あとがき

　私が小学生や中学生だったころ、クラスには毎日のようにいじめがありました。私もいじめられたこともあるし、いじめに加わったこともあります。学校の先生が何かをしてくれた記憶はほとんどないですし、相談したこともありませんでした。今思えば、当時の学校でのいじめやハラスメントに対する意識は本当に低かったと思います。私は学校がきらいでしたし、教師もきらいでした。

　そんな私が大人になって教師になりました。担任するクラスの生徒には、「世の中に出たらいろいろな人と関わります。相性の悪い人もいるかもしれない。でも一人で生きていける人は少ないから、誰かを助けてあげたら、いつか自分も誰かに助けてもらえることがある。みんなが一人ひとり、おたがいを尊重し合って、困った時は相談し合って、苦しんでいる人がいたら話しかけて、楽しいクラスにしていこう」と話しました。教師になってから、私は学校が楽しくないと思ったことはありません。いつも笑顔で迎えてくれる担任のクラスの生徒たちが大好きでした。

　でも、弁護士として仕事をしていると、そんな楽しいことばかりではなく、本当に苦しい人たちに出会うこともあります。世の中ではお金のある人や能力に恵まれた人もいれば、真面目に働いても貧しい人や能力に恵まれない人たちもいます。誰もが幸せにくらせるような社会にするのにはどうすればよいか。「自分がされて嫌なことは他人にはしない」「自分がしてほしいことを他人にしてあげる」。これはハラスメントを防止するときに一番大切なことですが、一人ひとりがおたがいの立場を考えて行動できるようになれば、きっと理想の社会が近づくのではないかと思います。

　まずは学校でいじめやハラスメントが起きないように、身近なことから努力していきましょう。

　　　　　　　　　　　　　　　　　　　　　　　　神内　聡

●監修
神内　聡（じんない・あきら）
1978年、香川県生まれ。弁護士、兵庫教育大学大学院教授。東京大学法学部卒業。東京大学大学院教育学研究科、筑波大学大学院ビジネス科学研究科修了。教員免許を保有し、日本で初めての弁護士資格を持つ社会科教師として中高一貫校で勤務する一方、弁護士として各地の学校のスクールロイヤーを担当している。2018年にはNHKドラマ『やけに弁の立つ弁護士が学校でほえる』の法律考証を担当した。主な著書に『学校弁護士　スクールロイヤーが見た教育現場』（角川新書）などがある。

●参考文献
『教育・保育機関におけるハラスメント・いじめ対策の手引―大学・小中高・幼保の現場対応』
　（井口　博 著／新日本法規出版）
『レイシャルハラスメント　Ｑ＆Ａ――職場、学校での人種・民族的嫌がらせを防止する』
　（金　明秀 著／解放出版社）
『子どもへのハラスメント　正しく知って、人権を守ろう！』（喜多明人 監修／ＰＨＰ研究所）
『きみがきみらしく生きるための子どもの権利』（甲斐田万智子 監修／ＫＡＤＯＫＡＷＡ）
『いじめ防止法　こどもガイドブック』（佐藤香代、三坂彰彦、加藤昌子 著／子どもの未来社）
『学校弁護士　スクールロイヤーが見た教育現場』（神内　聡 著／角川新書）

●参考Webサイト
こども家庭庁
文部科学省
厚生労働省
日本ユニセフ協会

カバー装画　スカイエマ
写真・イラスト　ナカニシヒカル（3章）、PIXTA、iStock
デザイン　生島もと子

スクールハラスメント
2025年1月9日　第1刷発行

Printed in Japan

監　修　　神内　聡
発行者　　佐藤洋司
発行所　　さ・え・ら書房
　　　　　〒162-0842　東京都新宿区市谷砂土原町3-1
　　　　　TEL 03-3268-4261　FAX 03-3268-4262
　　　　　https://www.saela.co.jp
印刷所　　光陽メディア
製本所　　東京美術紙工

©2025 Sa-E-La Shobo
ISBN978-4-378-02535-3　C8037　NDC371